Erwachsene Färbung Zodiac Buchausgabe

WAS IST IHR STERNZEICHEN?

Coloring Bandit

Veröffentlicht von Speedy Publishing Canada Limited

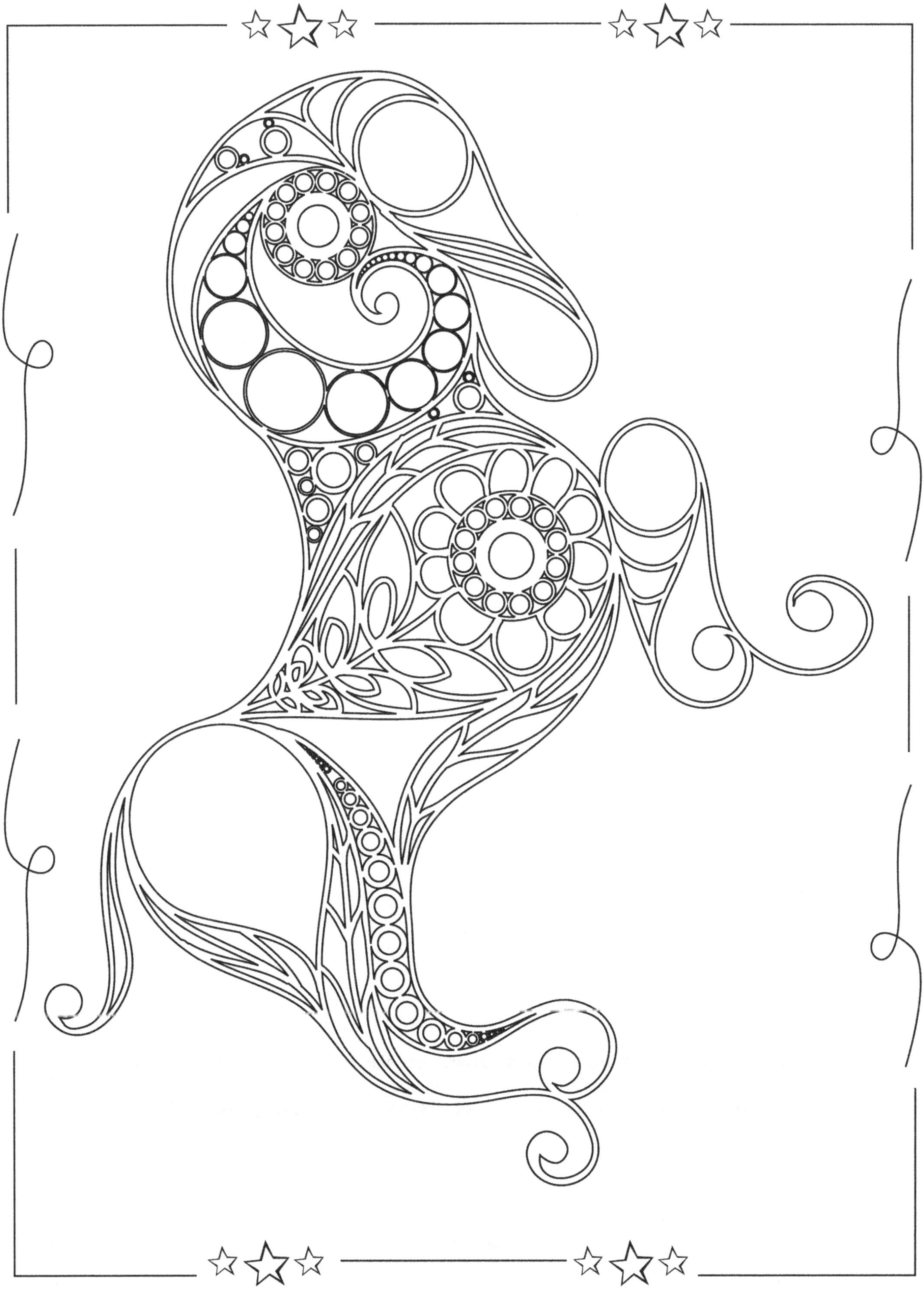

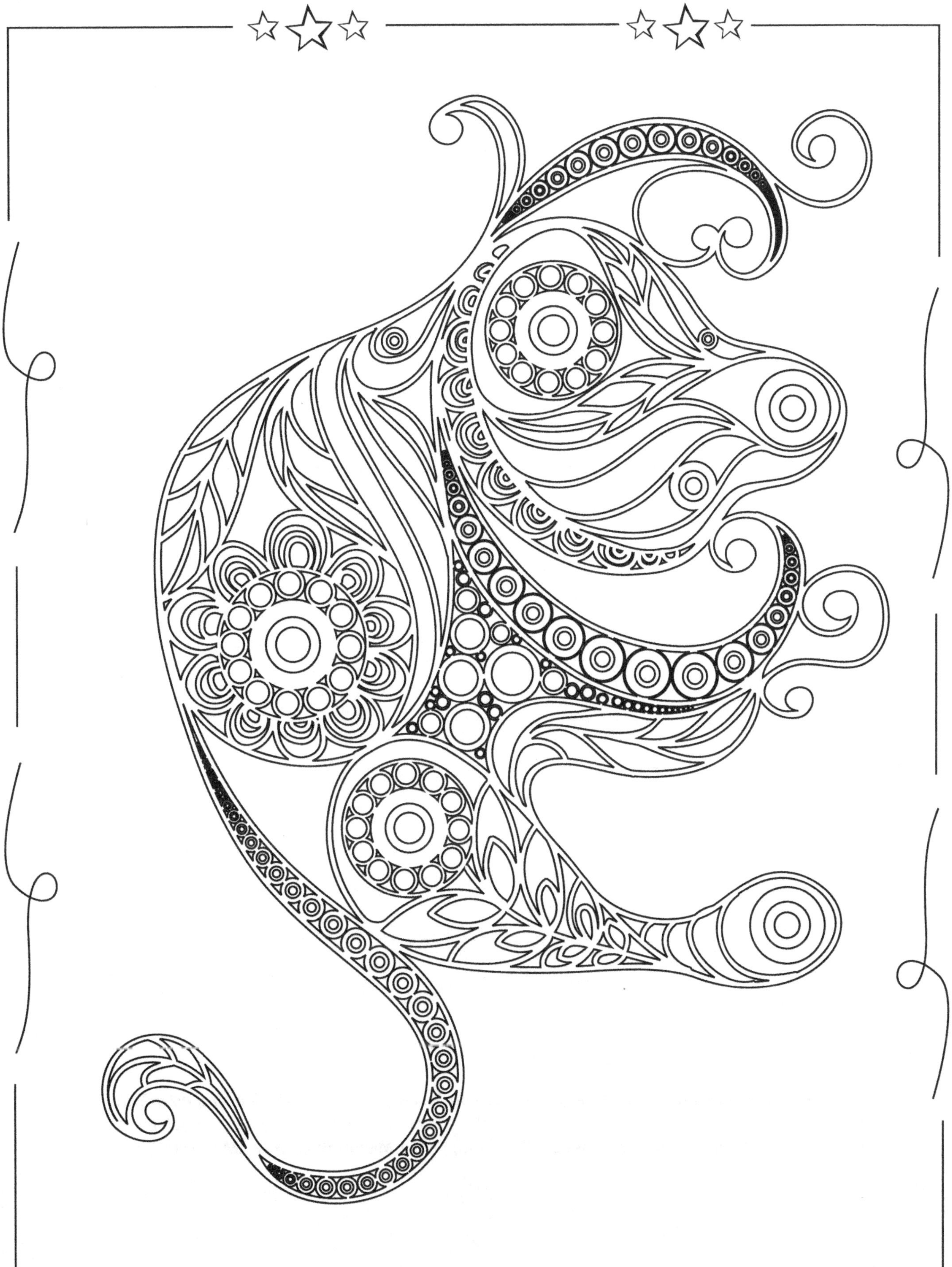

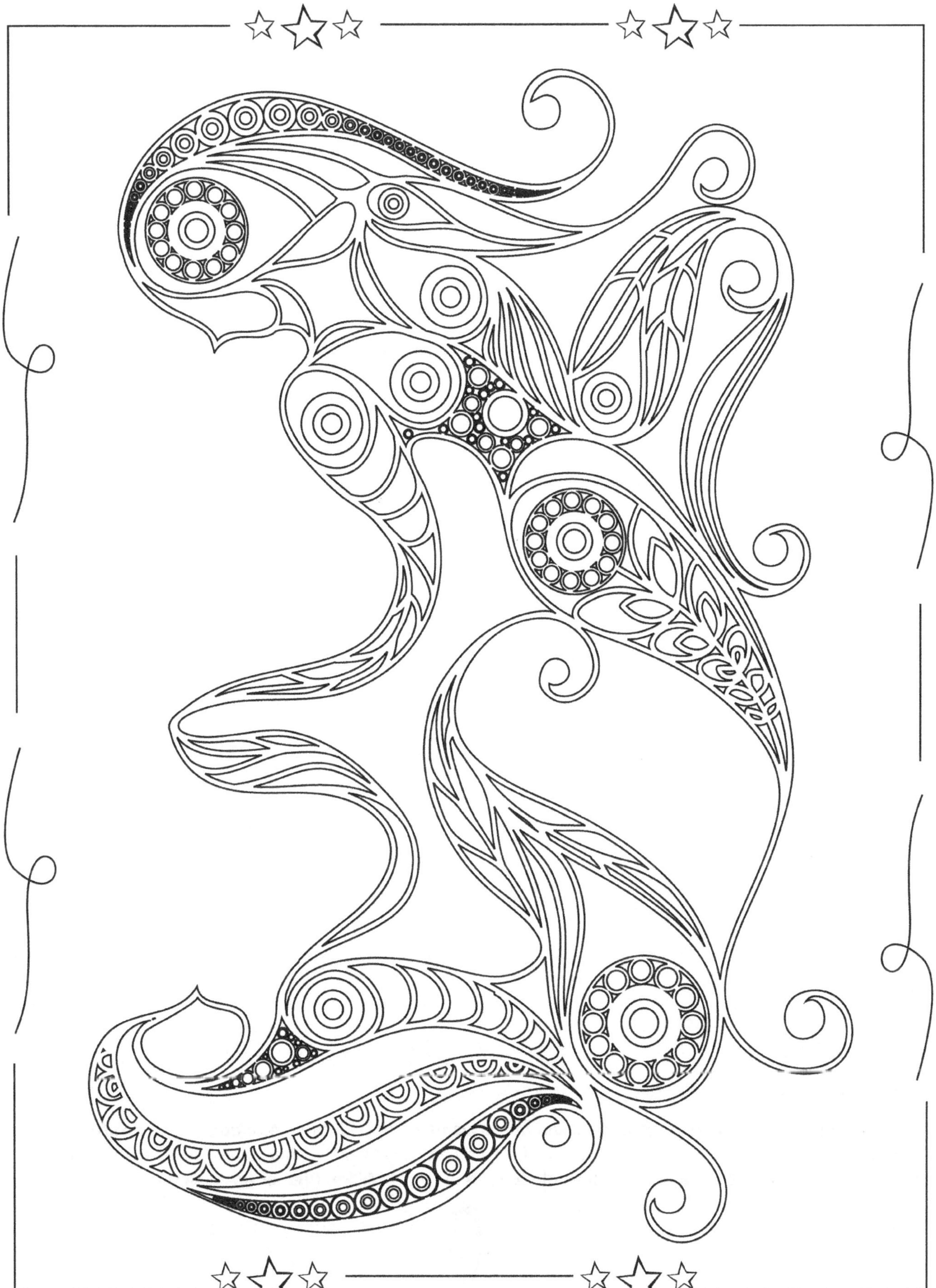

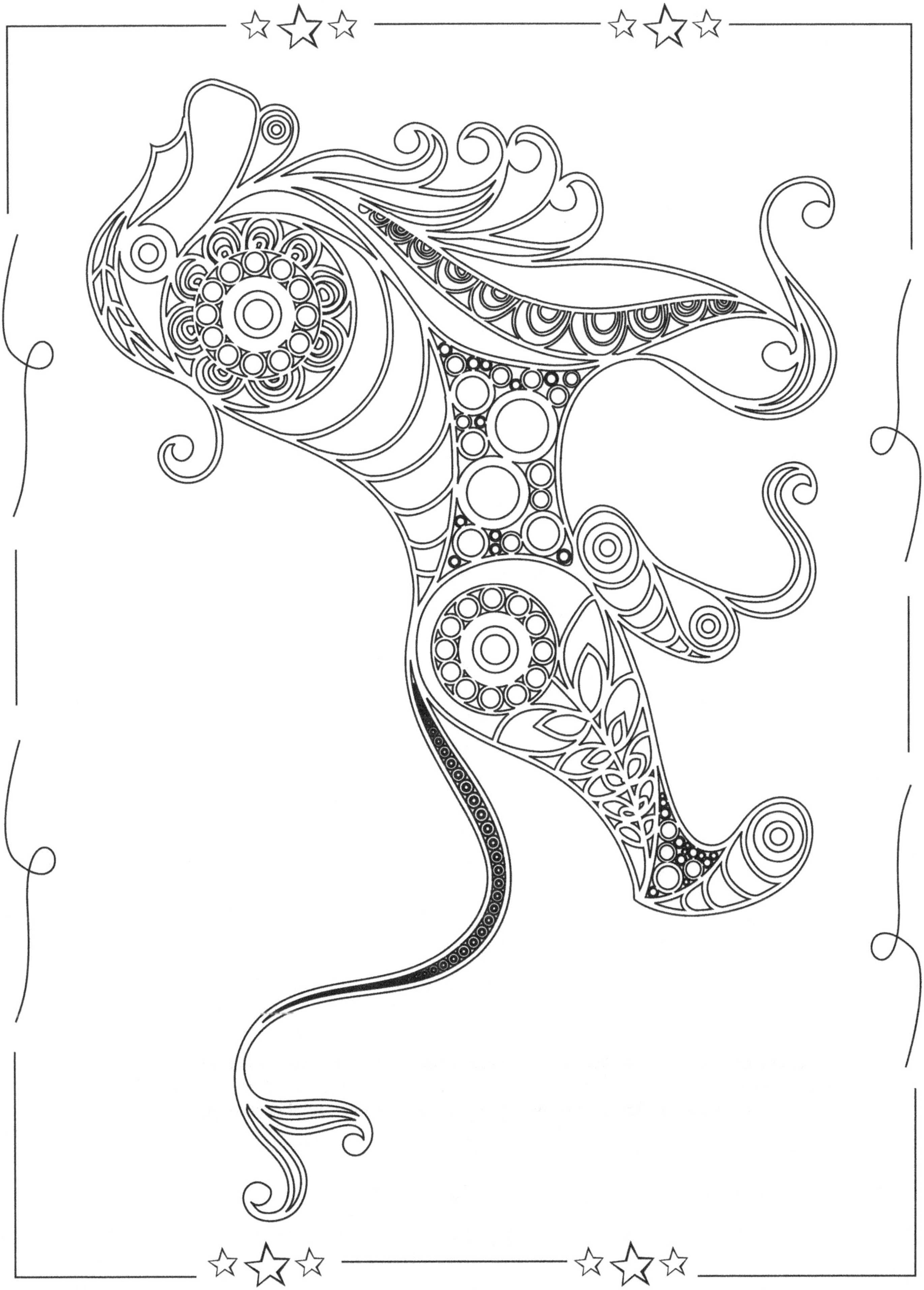

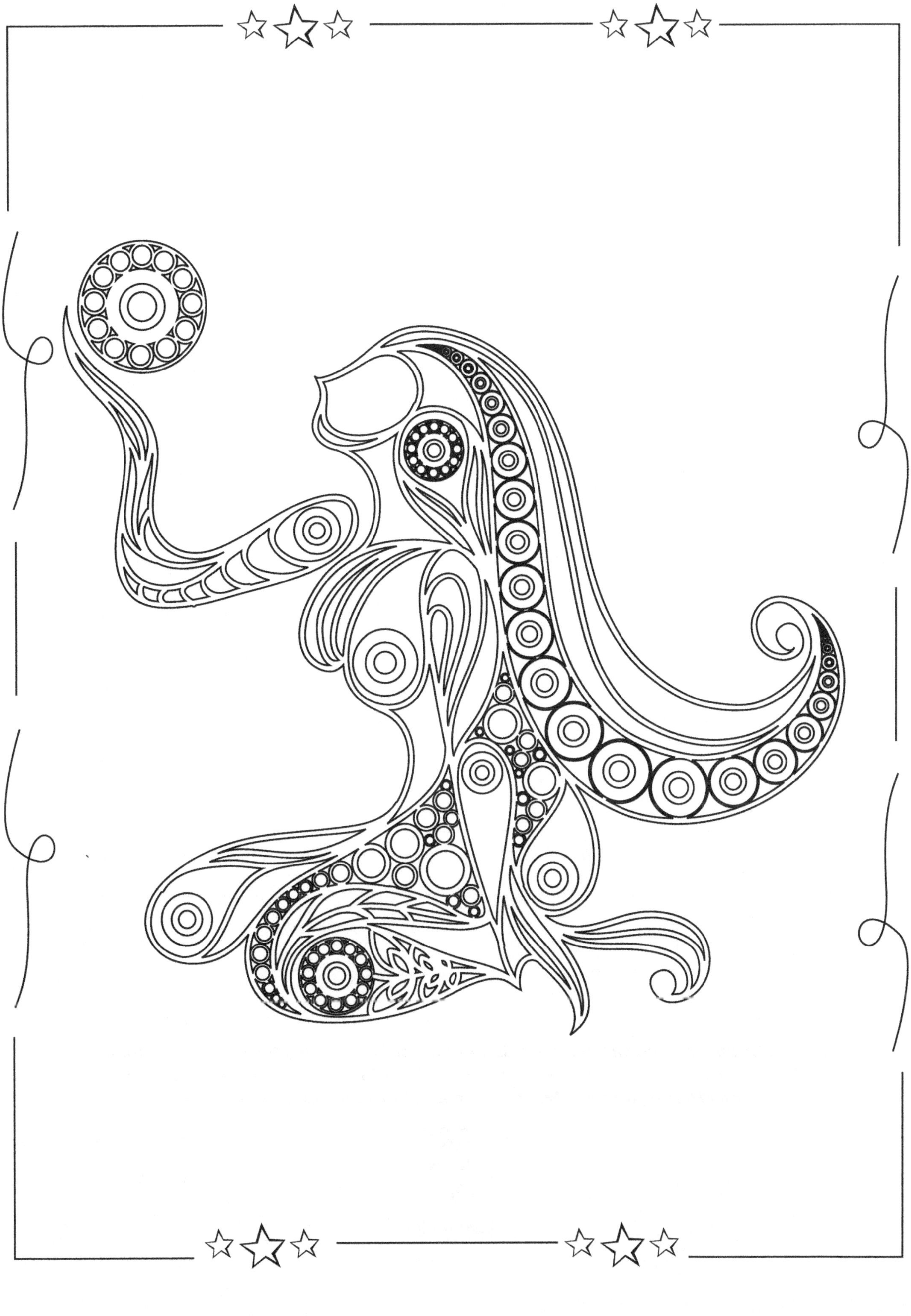

Dies ist ein bluten durch Seite wenn du verwendest eine Färbung Markierung oder Stift!

Finden Sie weitere tolle Titel durch auf der Suche nach Färbung Bandit auf Ihre Lieblings-Buch Einzelhändler

Amazon.Ca | Barnes & Noble (BN.Com) | Ich 1 Million Bücher (BAM.Com)

COLORING BANDIT

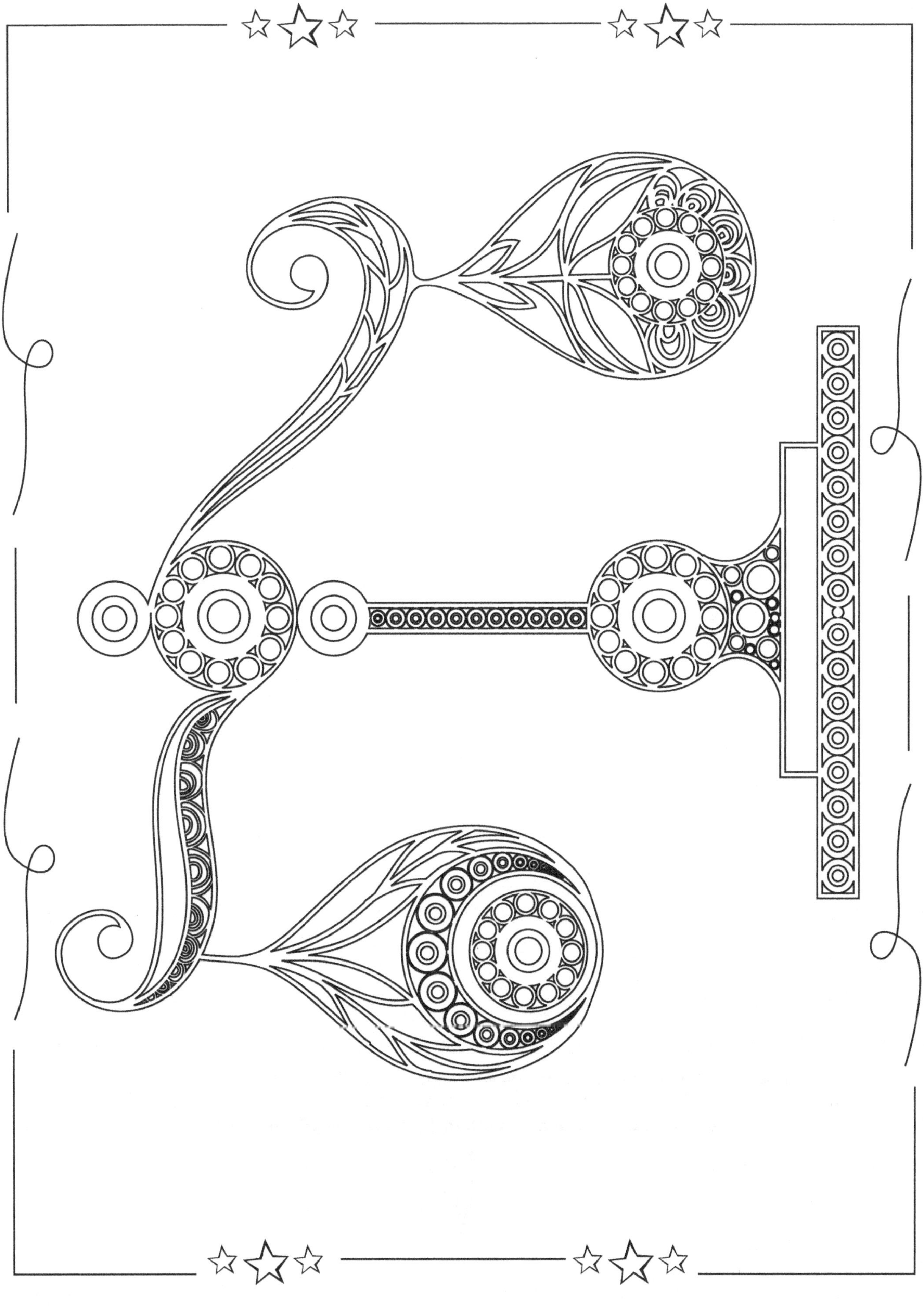

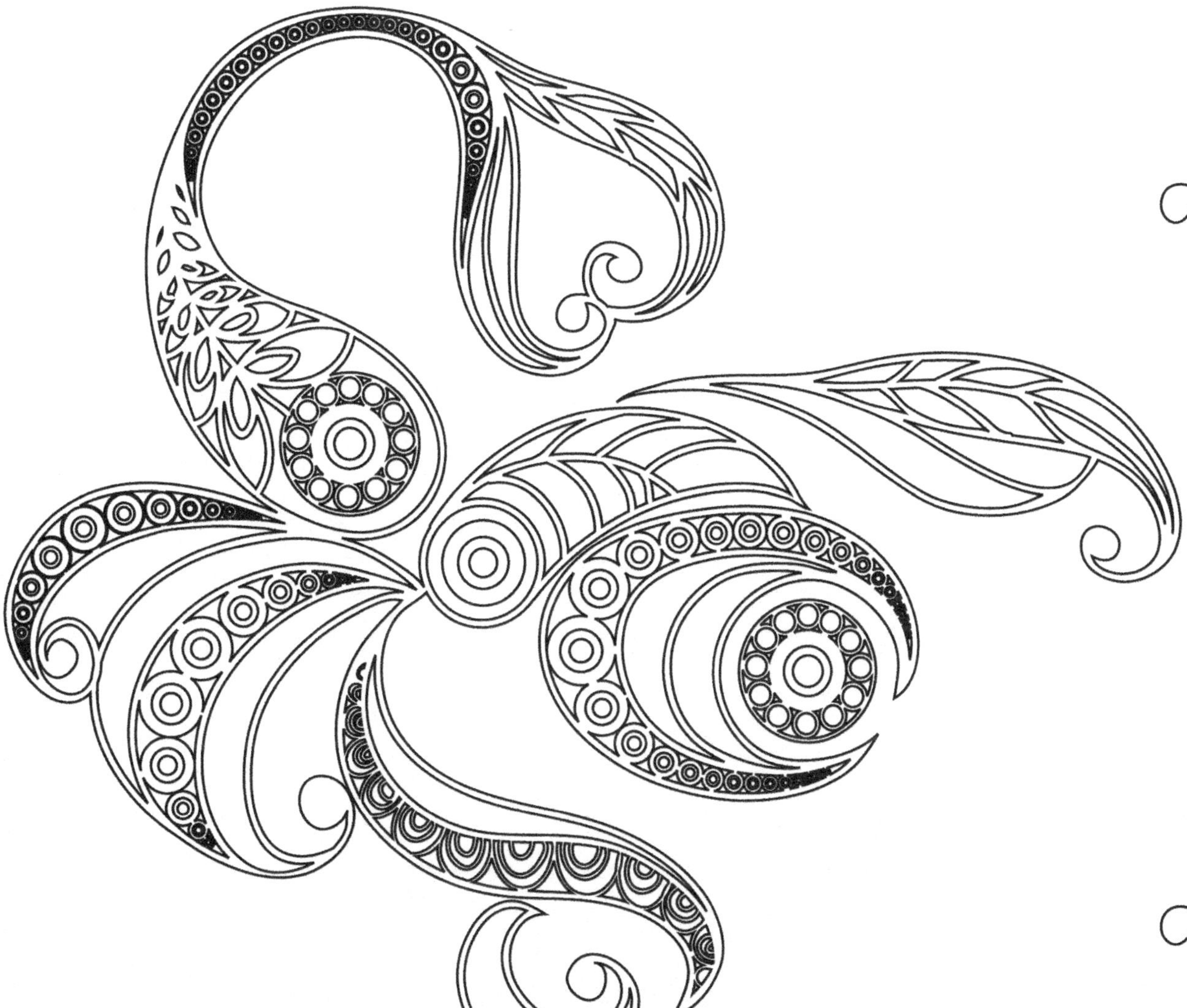

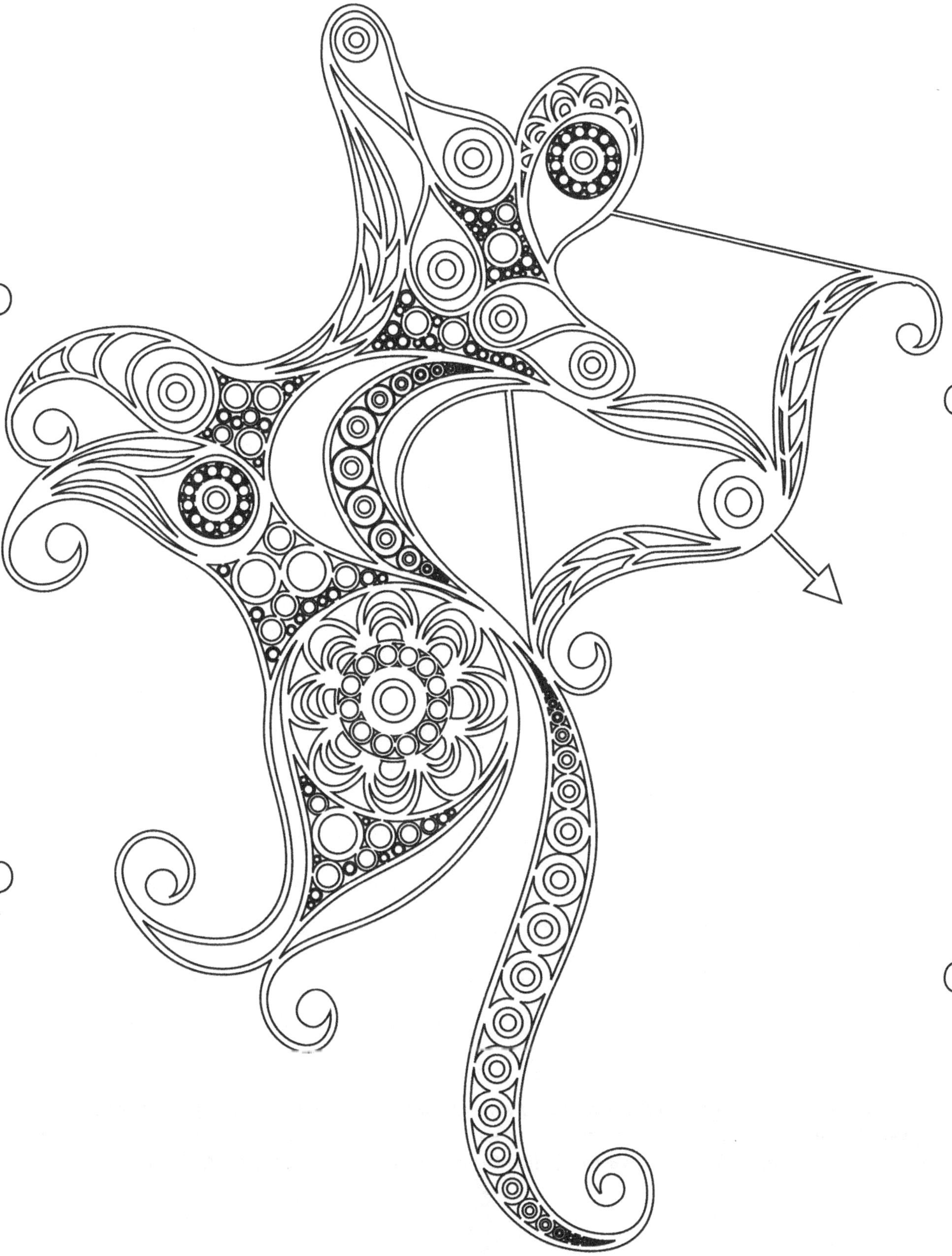

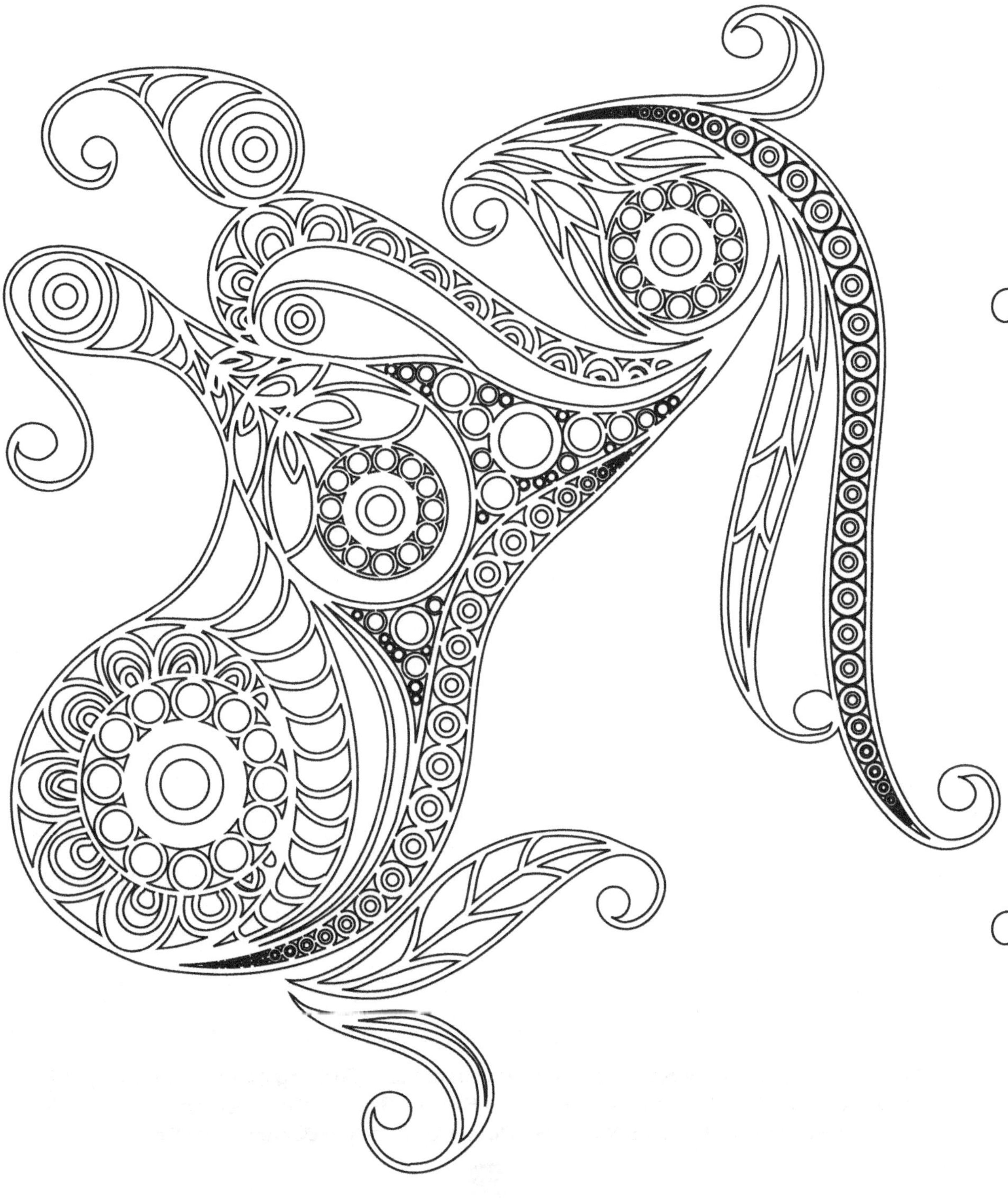

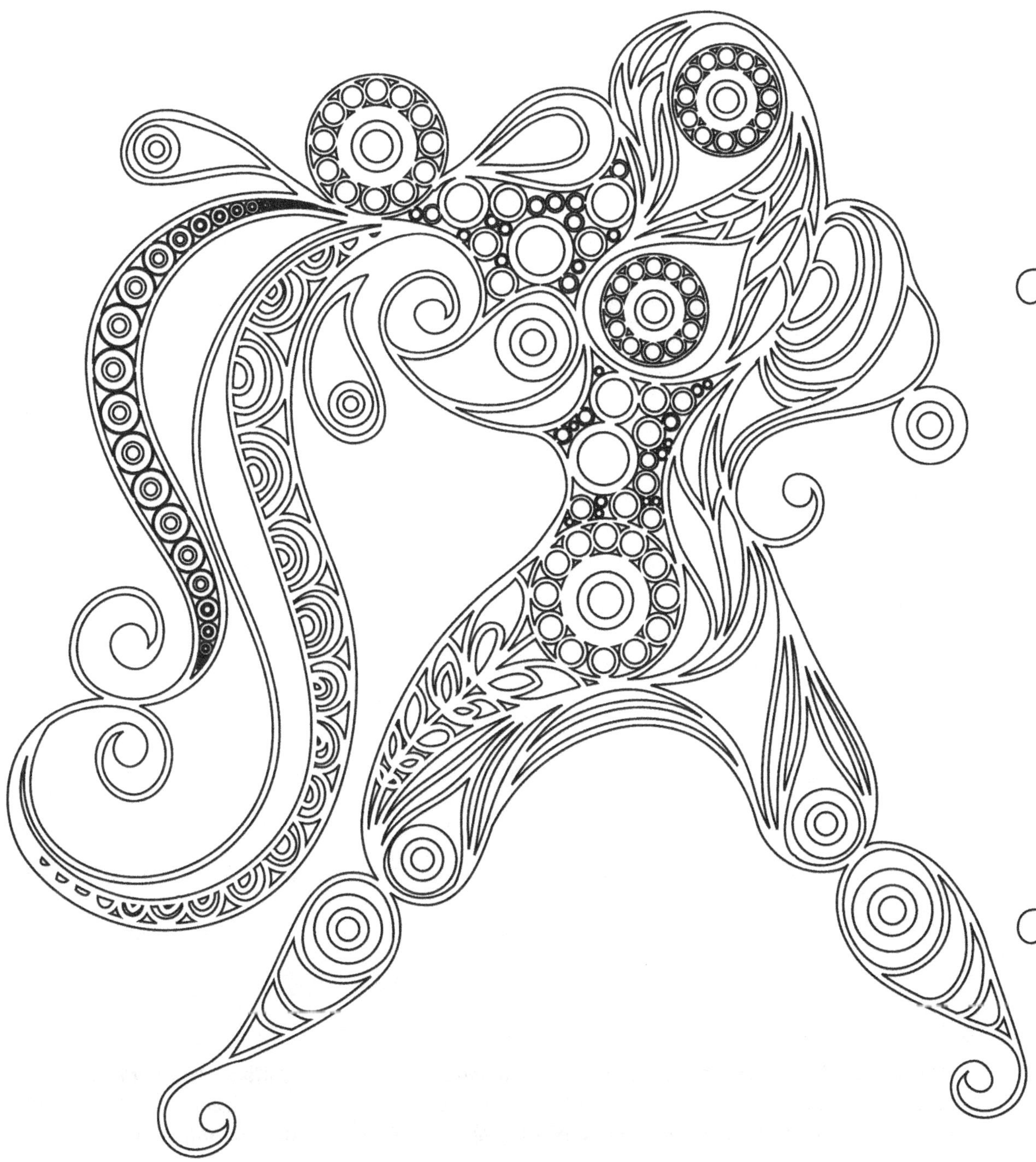

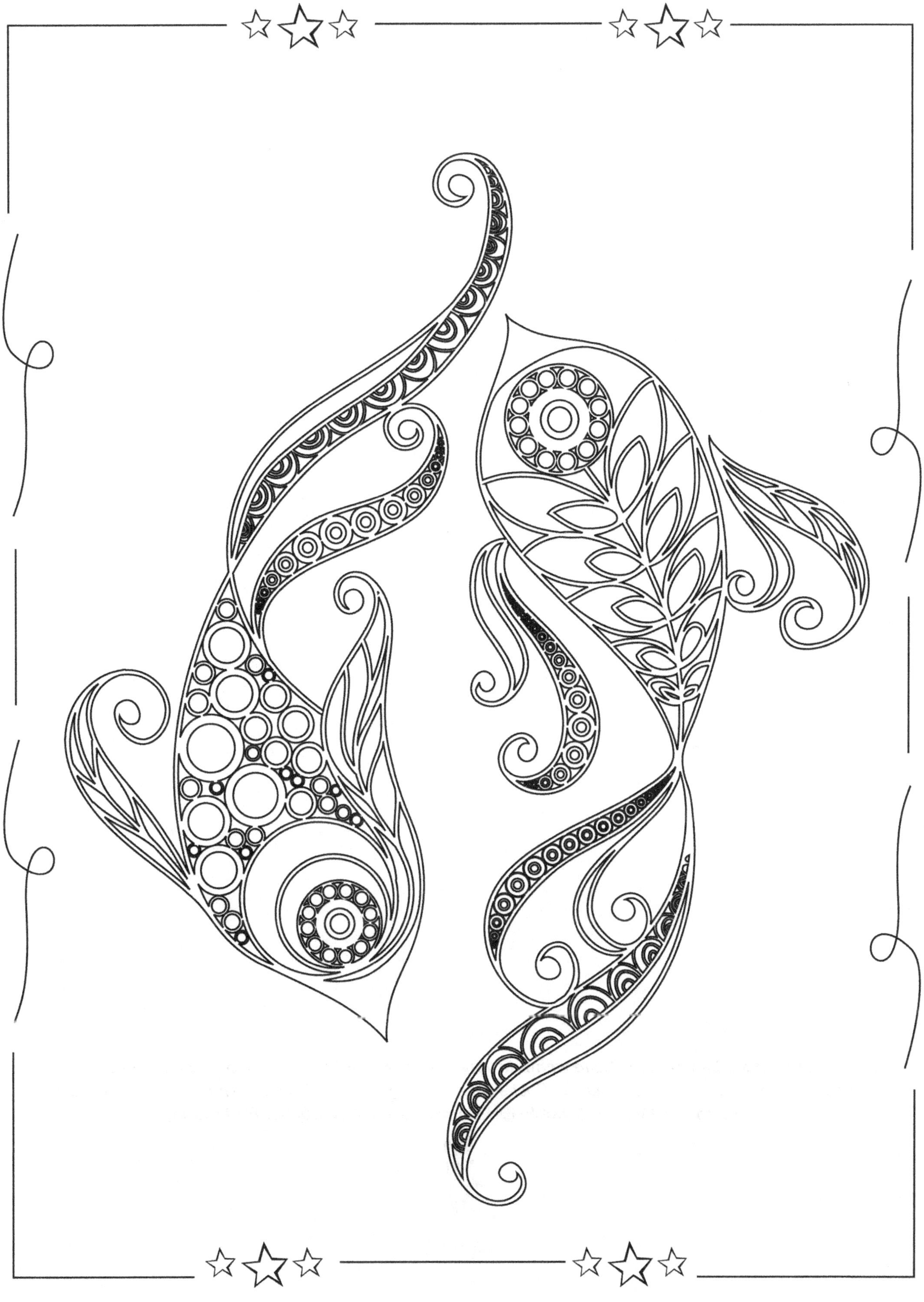

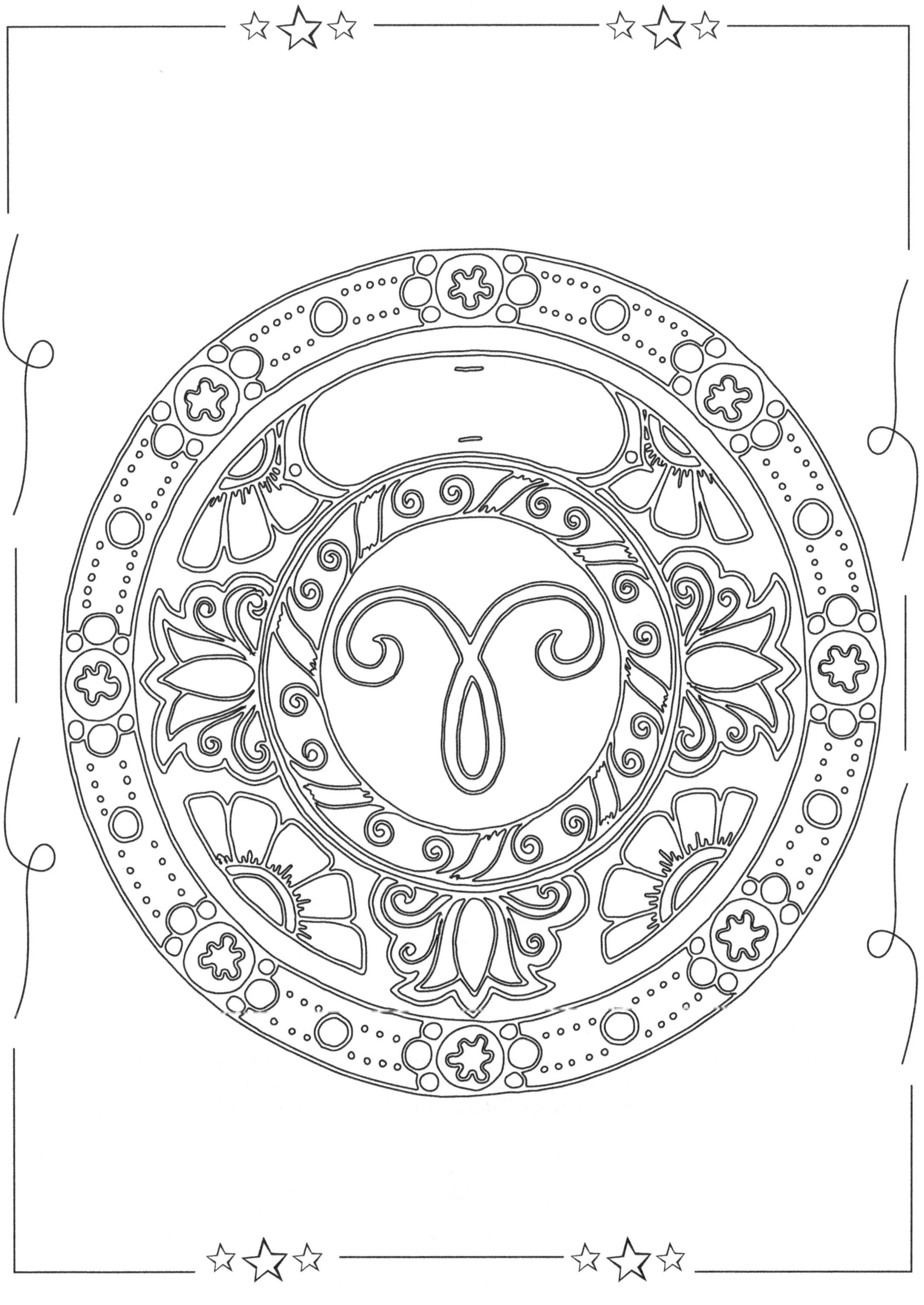

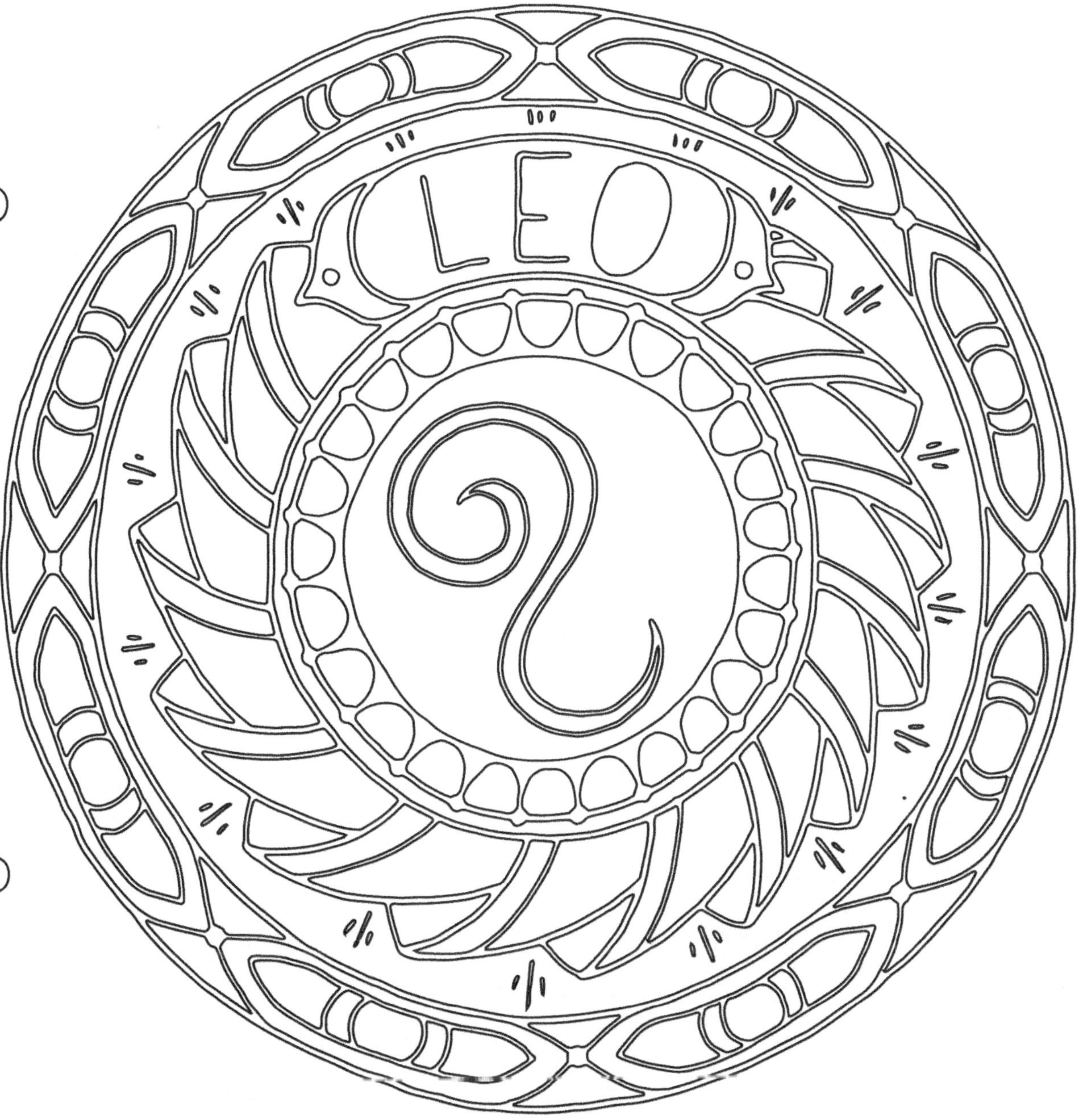
LEO

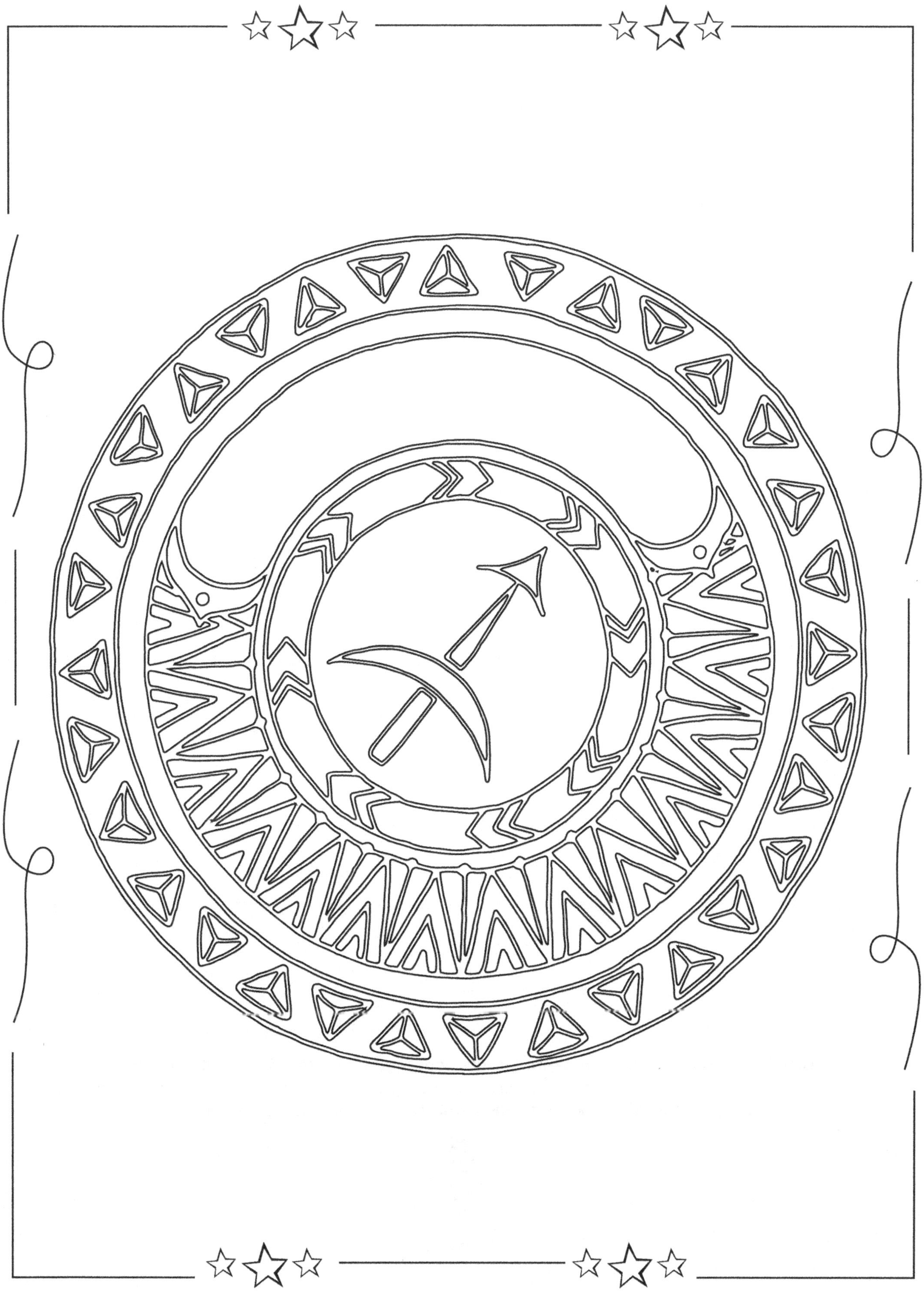

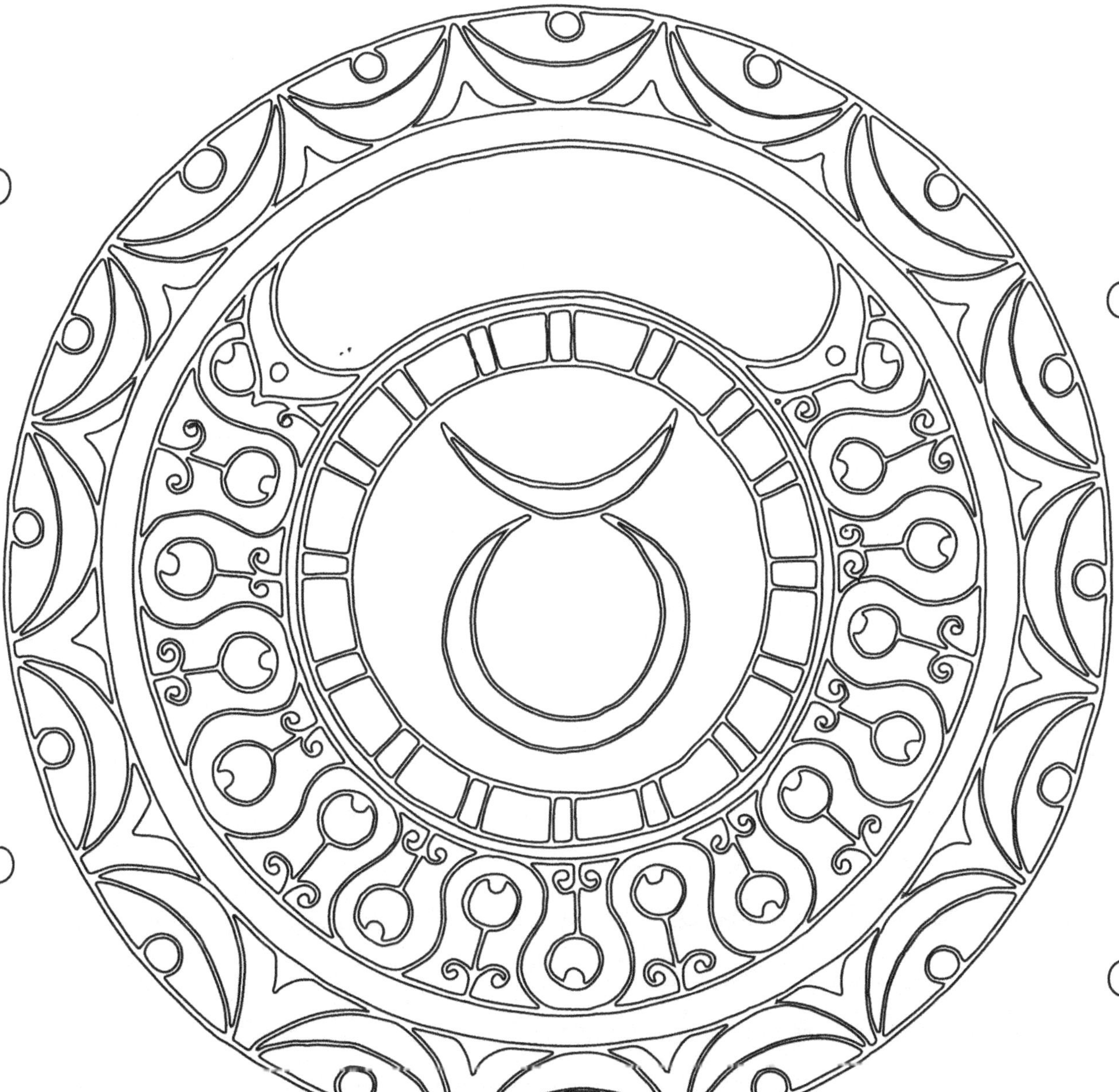

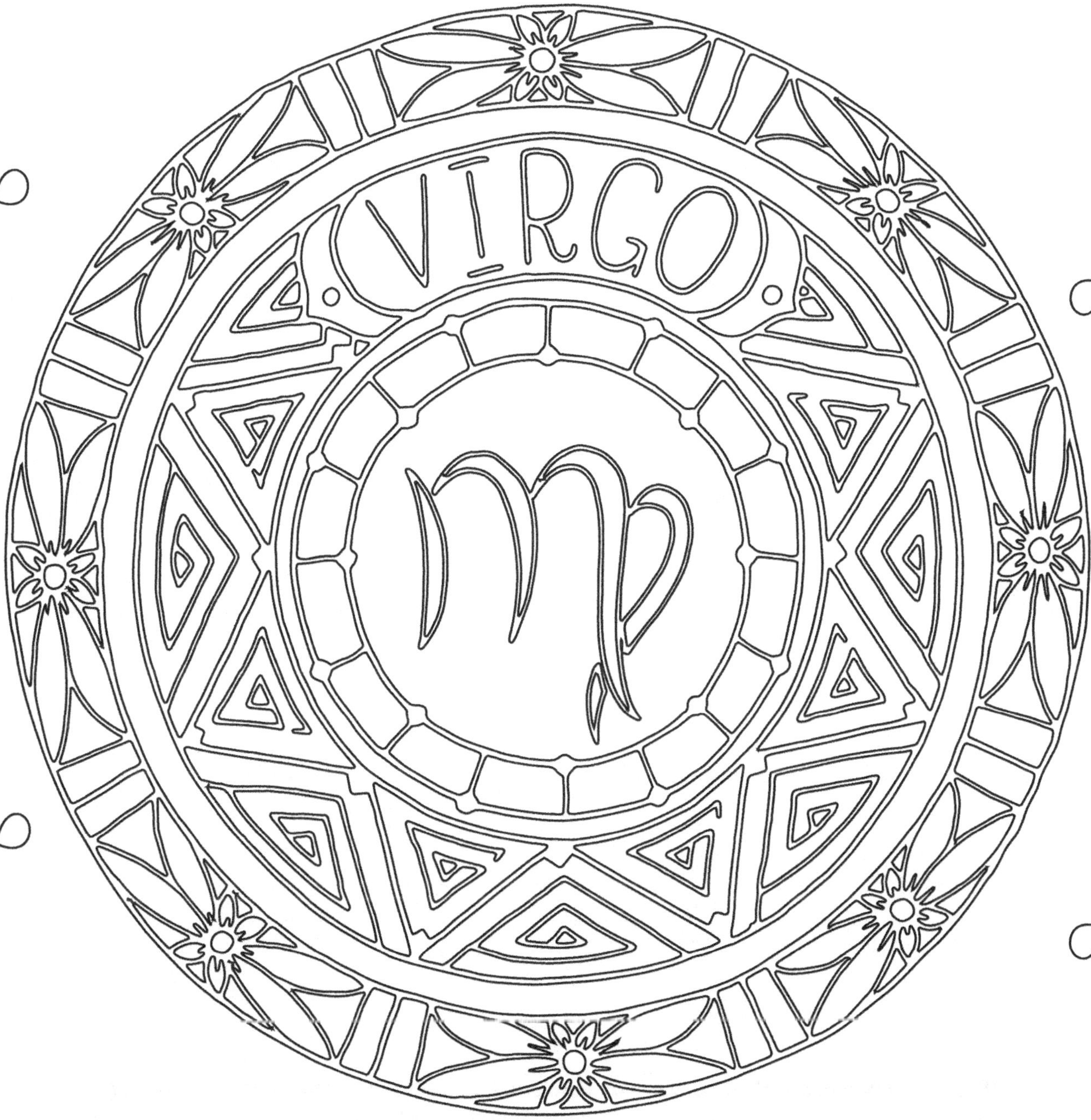
VIRGO

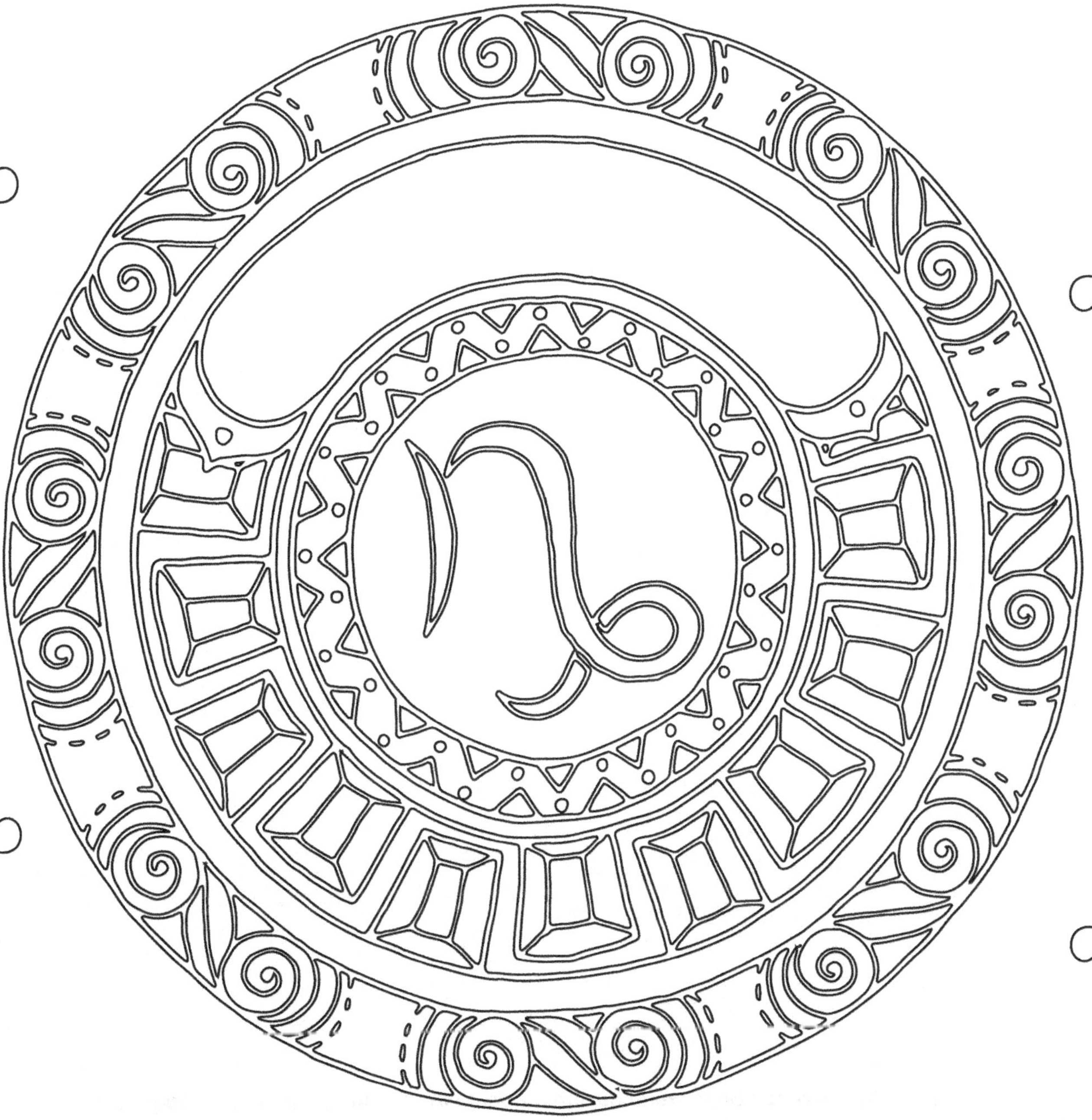

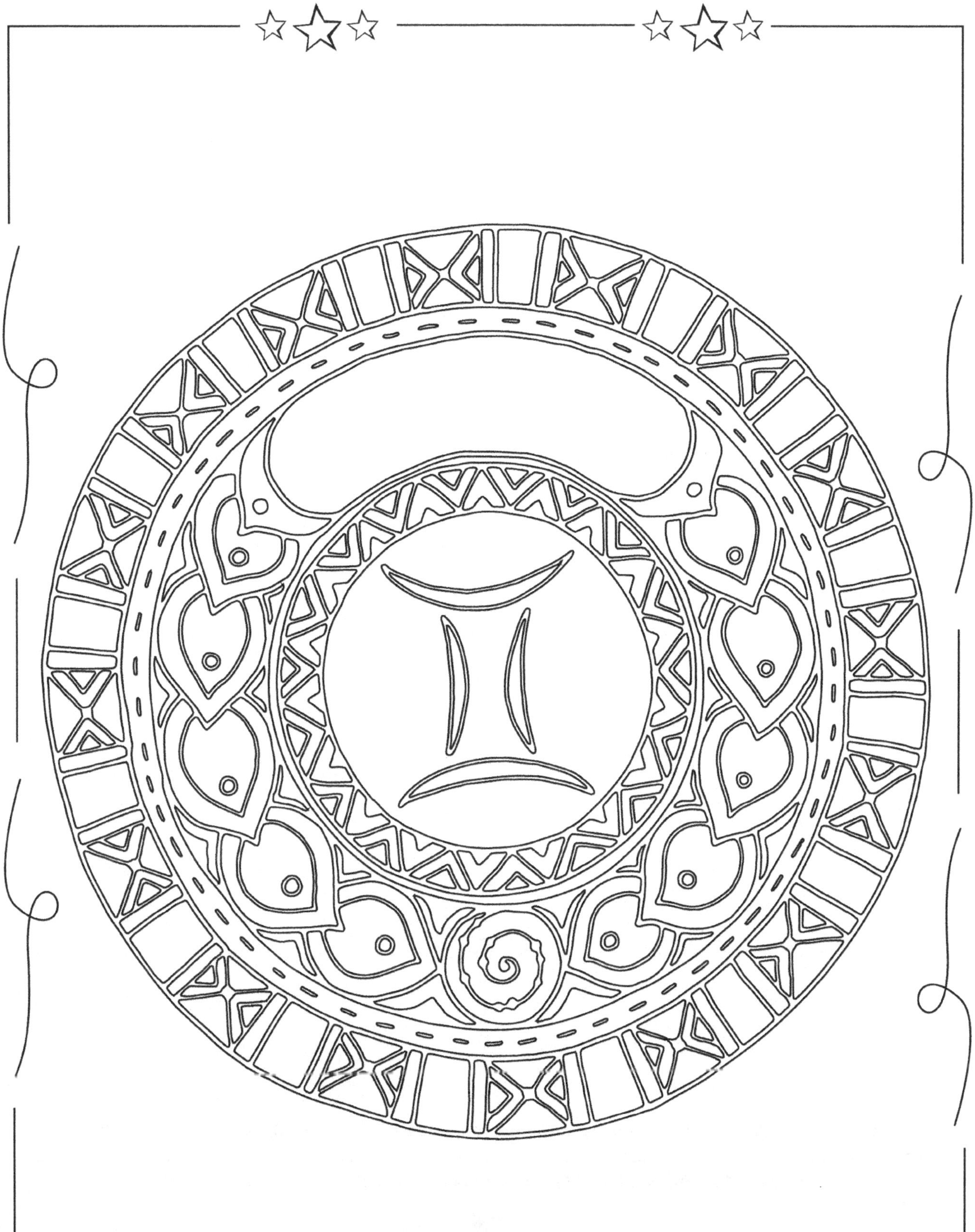

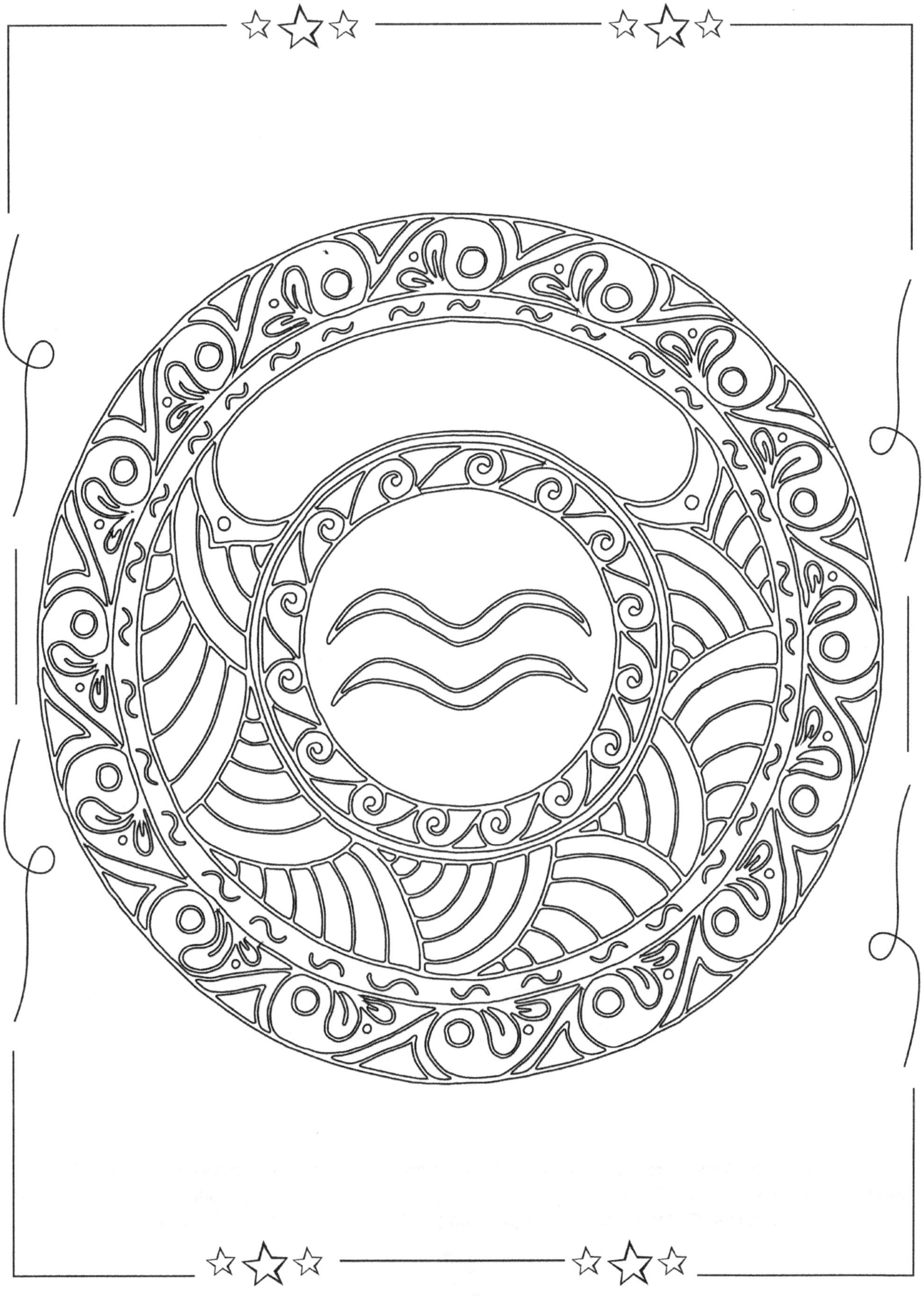

Dies ist ein bluten durch Seite wenn du verwendest eine Färbung Markierung oder Stift!

Finden Sie weitere tolle Titel durch auf der Suche nach Färbung Bandit auf Ihre Lieblings-Buch Einzelhändler

Amazon.Ca | Barnes & Noble (BN.Com) | Ich 1 Million Bücher (BAM.Com)

COLORING BANDIT

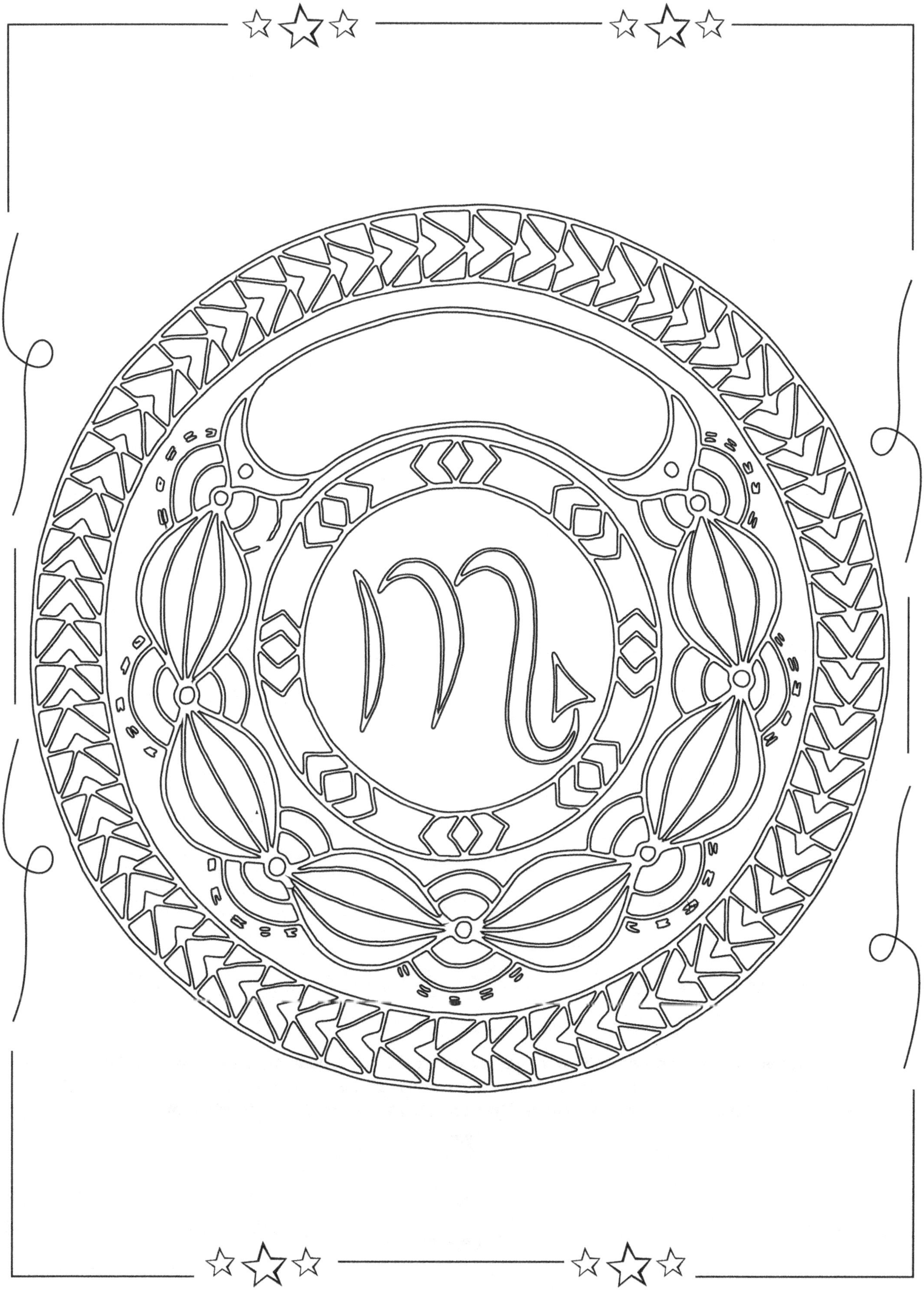

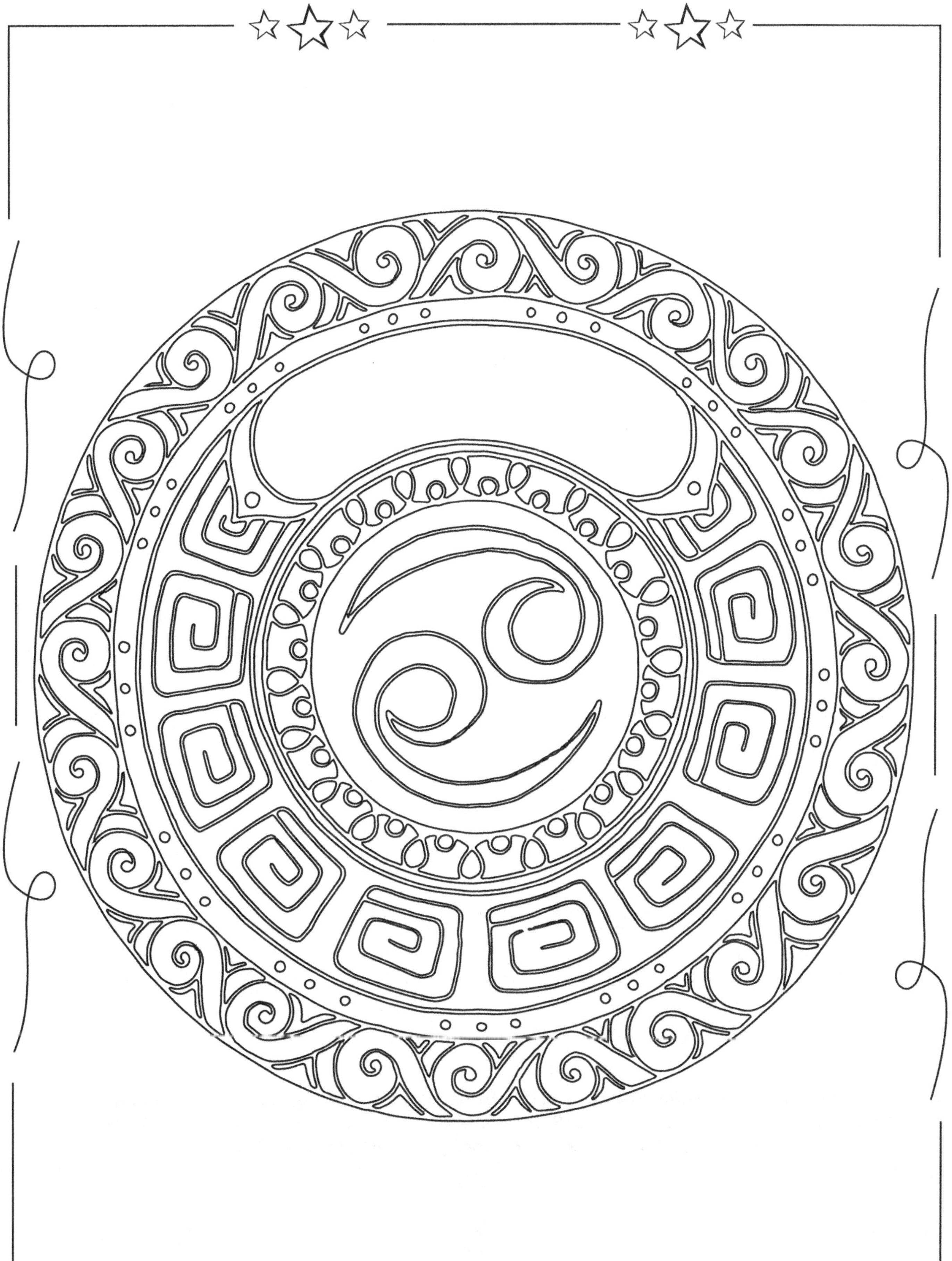

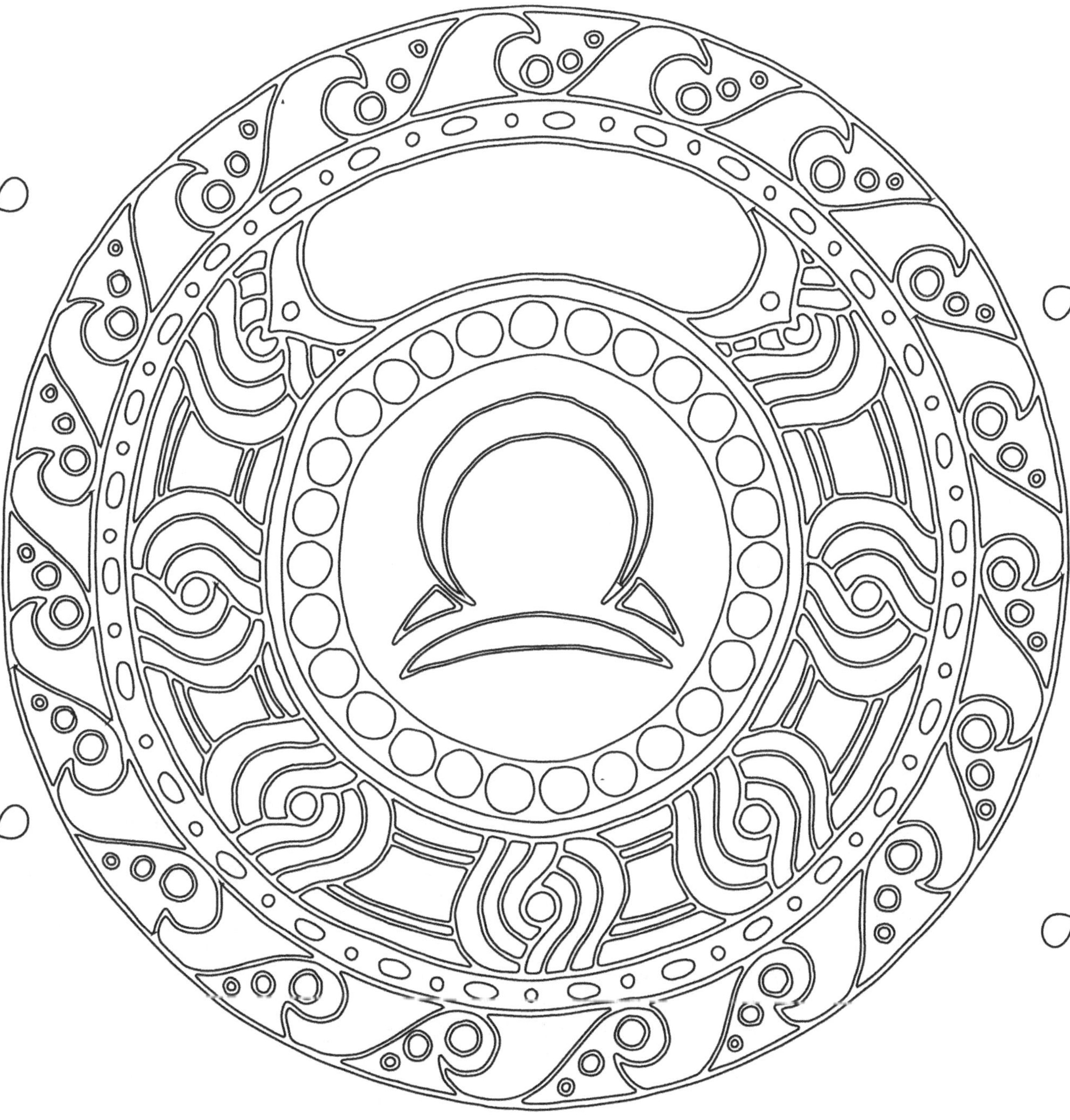

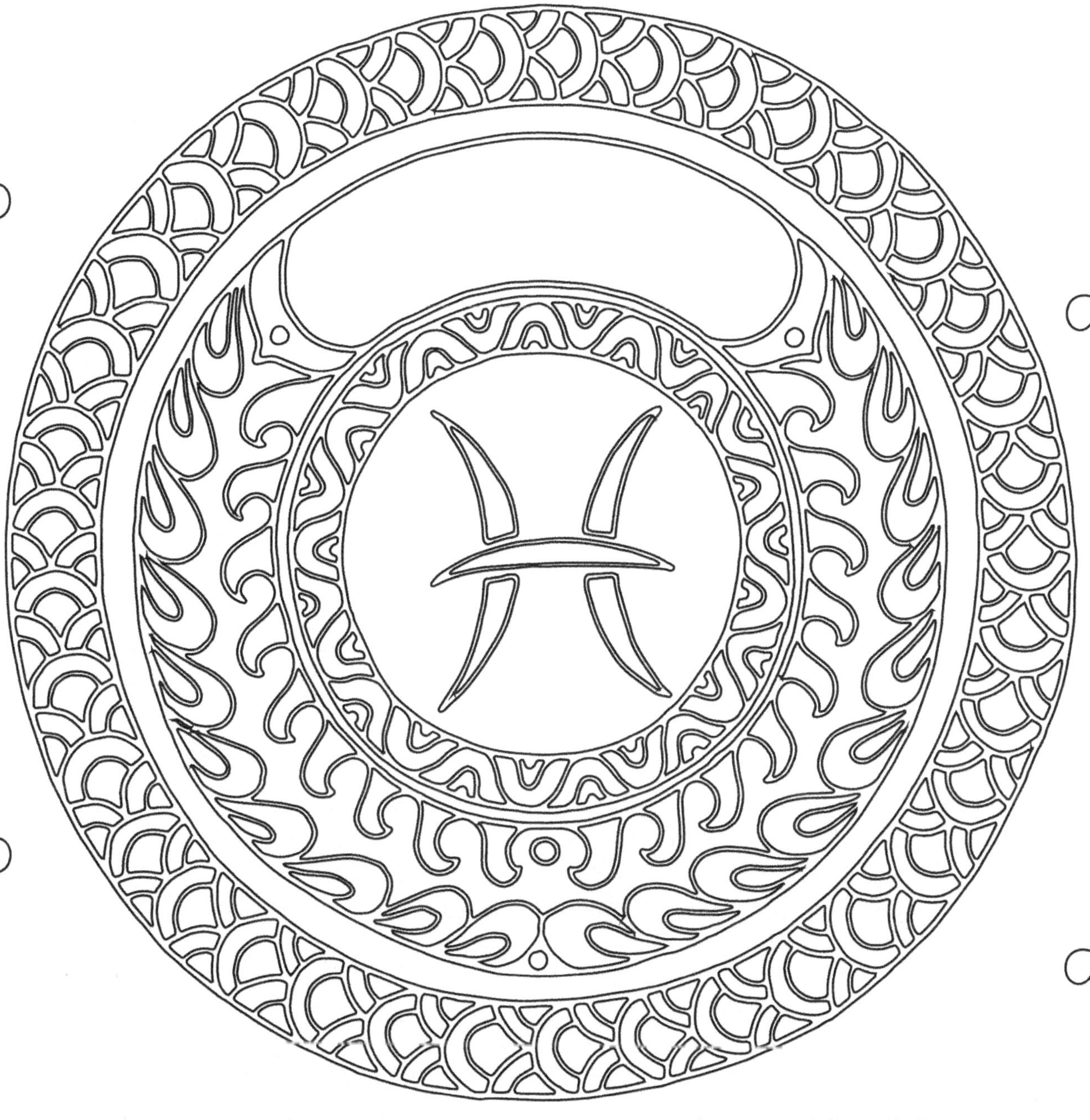

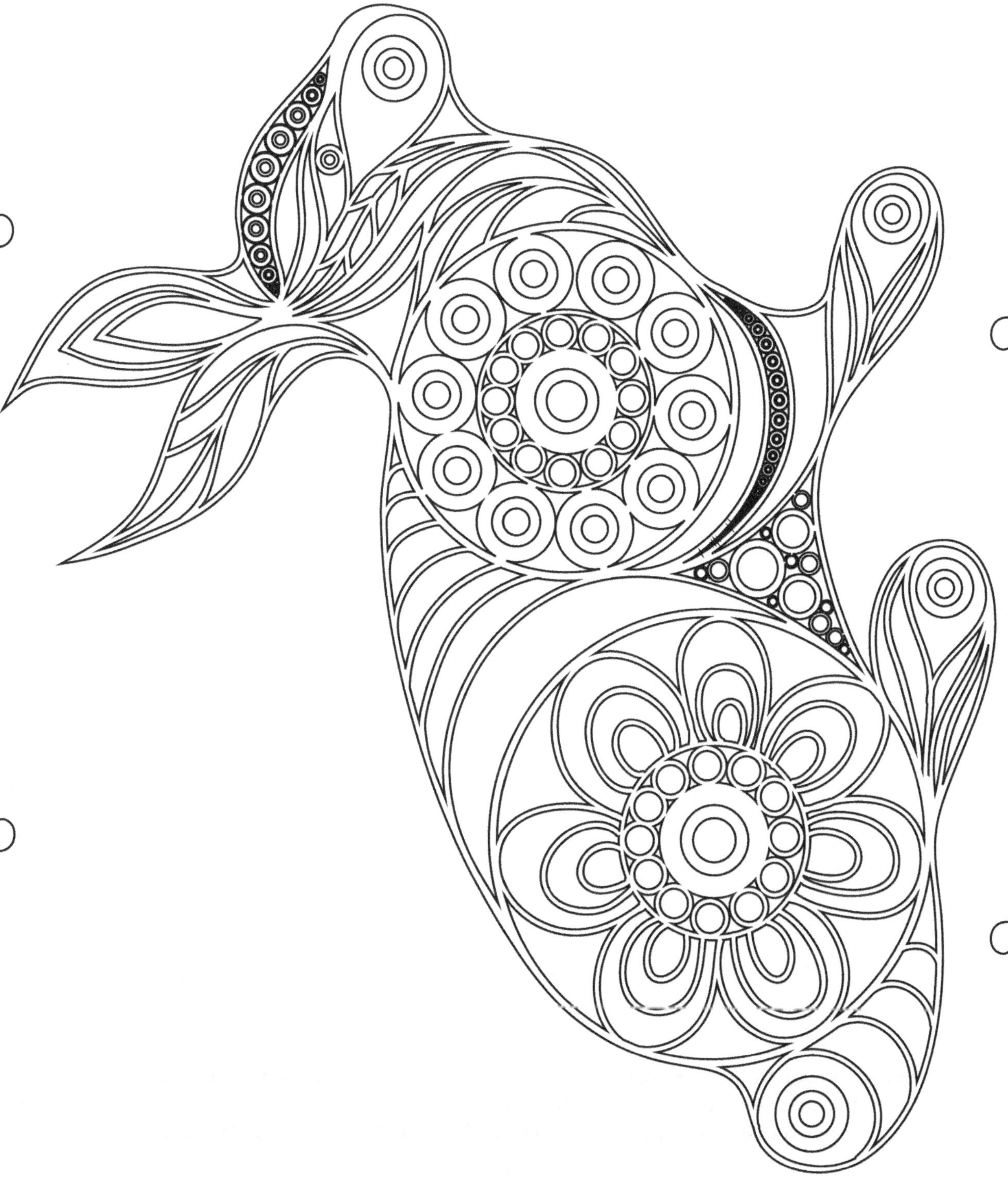

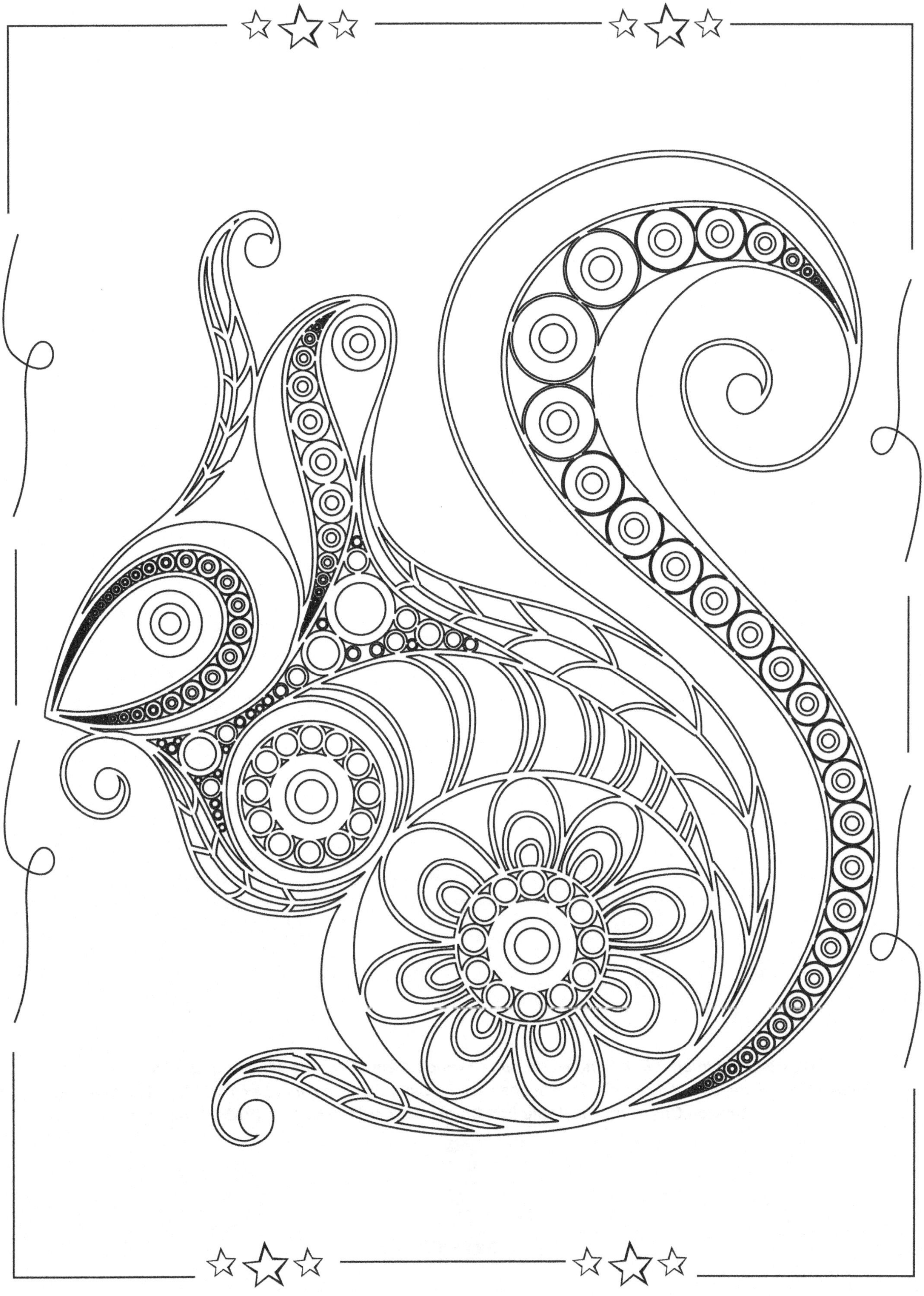

Dies ist ein bluten durch Seite wenn du verwendest eine Färbung Markierung oder Stift!

Finden Sie weitere tolle Titel durch auf der Suche nach Färbung Bandit auf Ihre Lieblings-Buch Einzelhändler

Amazon.Ca | Barnes & Noble (BN.Com) | Ich 1 Million Bücher (BAM.Com)

COLORING BANDIT

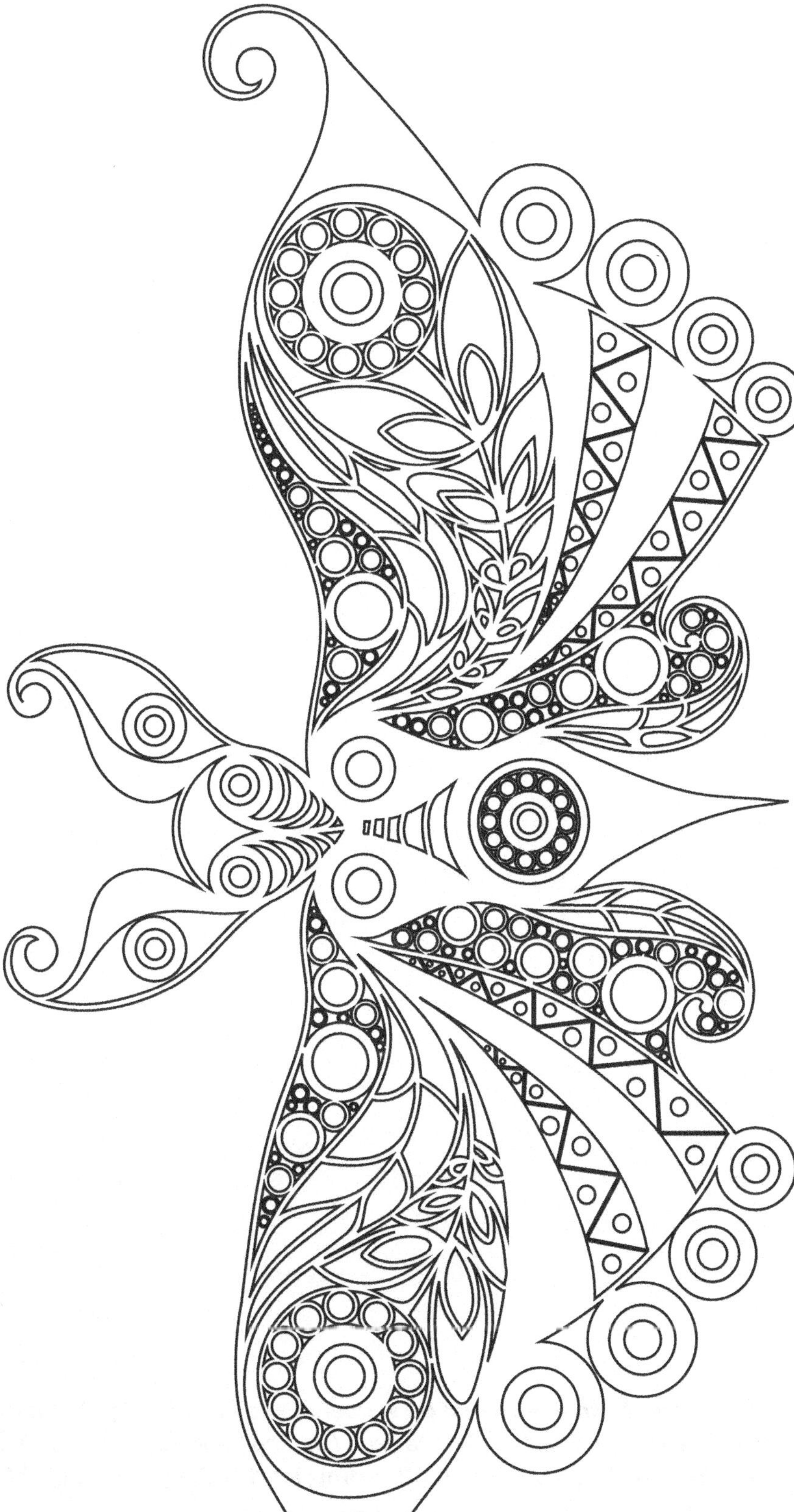

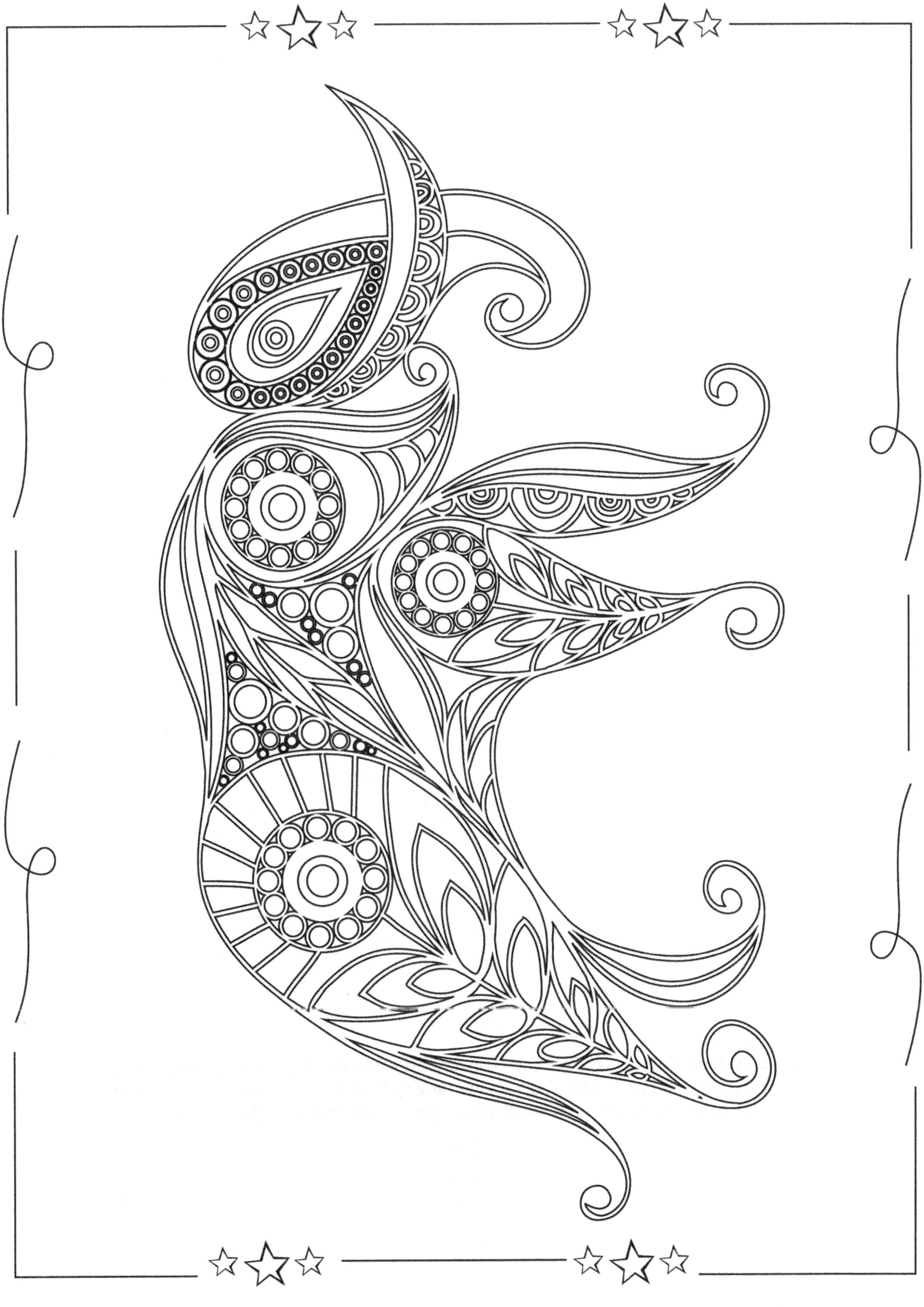

Dies ist ein bluten durch Seite wenn du verwendest eine Färbung Markierung oder Stift!

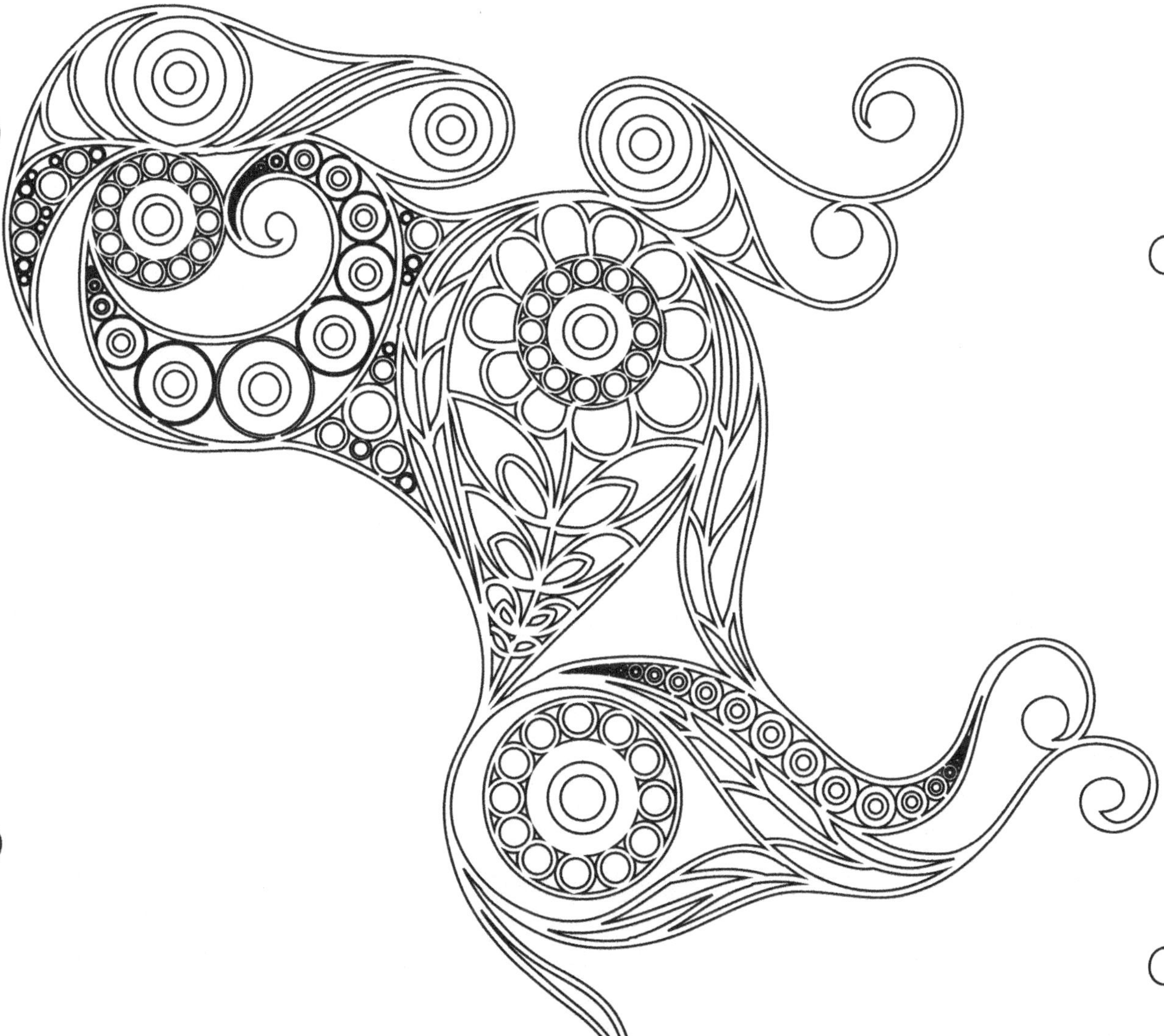

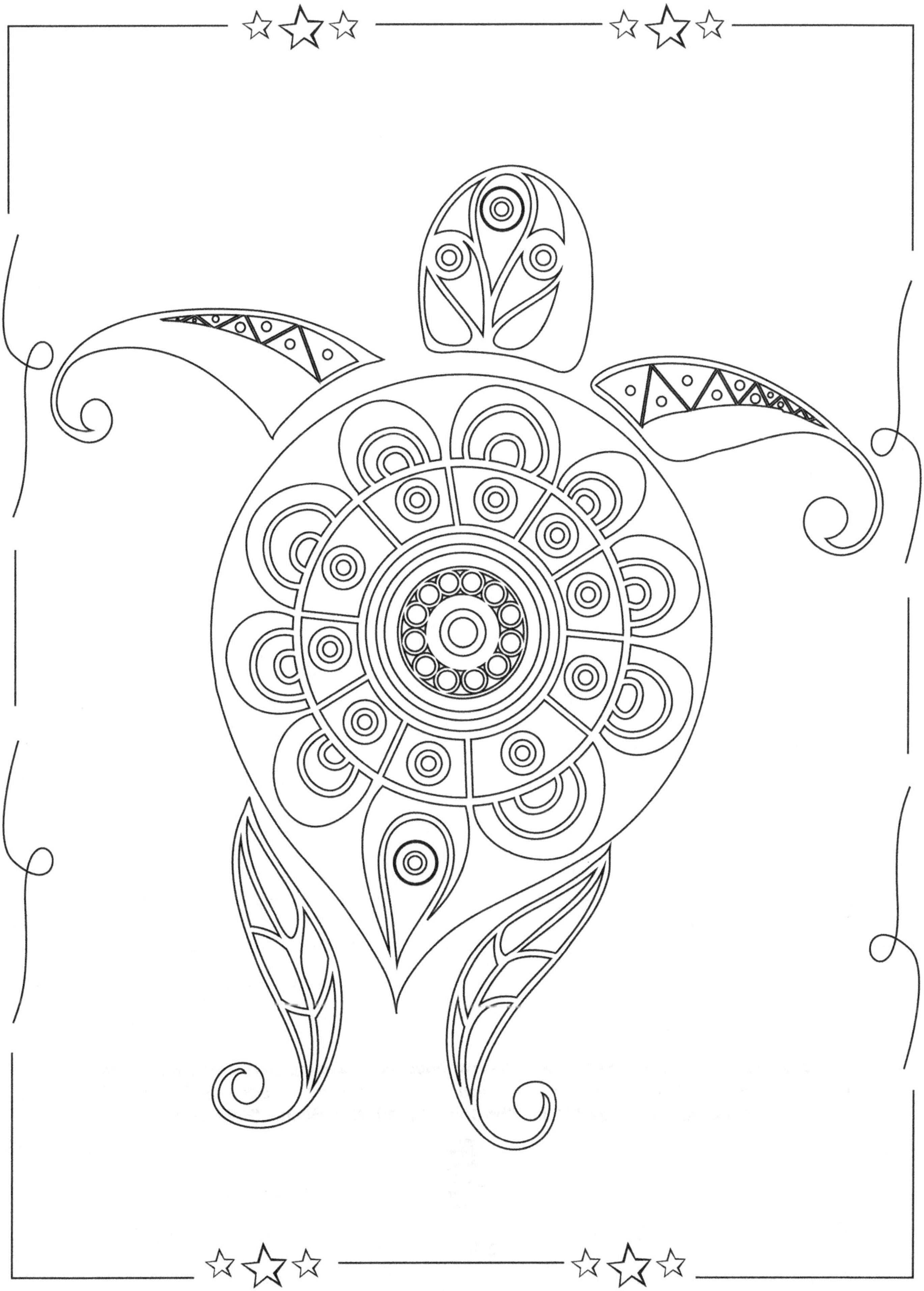

Made in the USA
Monee, IL
07 July 2026

56547380R00037